LES DOCS
Ribambelle
Cycle **2**

Directeur de collection :
Jean-Pierre Demeulemeester

Valérie Videau

La grenouille

Cher Lewis,
J'admire ta fascination de la
nature qui nous entoure.
tante Brigitte

Hatier

© Hatier, Paris 2014 – ISBN : 978-2-218-97307-9

Qu'est-ce qu'une grenouille ?

Sans queue, sans écailles ni poils, ce petit animal mesure une dizaine de centimètres.

Les grenouilles vivent sur terre et dans l'eau : elles appartiennent à la famille des **amphibiens**.

Il existe plus de 6 000 espèces de grenouilles dans le monde.

Coâ ou Croâ ?

Ne confonds pas le cri du corbeau avec celui de la grenouille ! Le corbeau croasse et la **grenouille coasse**.

Une grenouille verte

Quelle championne, la grenouille !

Grâce à ses longues pattes arrière, **la grenouille bondit** comme un ressort pour se déplacer ou attraper une jolie libellule en vol…

Les doigts des pattes arrière de la grenouille sont reliés par une fine membrane. Pas étonnant alors que **la grenouille nage** si bien avec de telles palmes !

La rainette, une petite grenouille verte, possède des petites ventouses sous les pattes. Elle peut ainsi **grimper** le long d'une tige sans tomber.

Une rainette verte bondit pour attraper un criquet.

Où vit la grenouille ?

La grenouille vit toujours près d'un étang, d'un marais ou d'une petite mare.
En cas de danger, elle saute se réfugier dans les hautes herbes.

L'hiver, pour se protéger du froid, elle se cache sous des feuilles ou dans la vase, au fond de l'eau.

Quand la grenouille est hors de l'eau, elle respire avec ses deux poumons, comme toi. Quand elle est dans l'eau, elle respire par sa peau.

Que mange-t-elle ?

La grenouille est petite, mais elle a un appétit d'ogre !

Son plat préféré ? Les insectes.
Alors, quand elle voit une mouche, une libellule
ou un moustique passer devant sa bouche, zou !
elle déroule aussitôt sa longue langue collante
et avale sa proie.

La grenouille se régale aussi de limaces,
d'escargots ou d'araignées.
Parfois, elle ose même s'attaquer à des lézards
ou à de petits serpents…

La grenouille est peut-être gourmande, mais elle reste tout l'hiver
sans manger quand elle hiberne.

Une rainette verte attrape une libellule.

Que fait-elle ? au printemps

Quel concert sur les étangs, au mois de mars !

Le soir, les grenouilles mâles coassent à tue-tête pour appeler les grenouilles femelles.
En quelques bonds, celles-ci s'approchent et choisissent leur compagnon pour s'accoupler…

Un vrai haut-parleur

Certaines grenouilles mâles gonflent leur gorge pour augmenter le son de leur voix. Ce « sac vocal » ressemble à une grosse bulle de chewing-gum !
Le chant des grenouilles peut s'entendre à plus d'un kilomètre.

De l'œuf au têtard

La grenouille pond de 1 000 à 6 000 œufs dans l'eau, mais tous ne donneront pas naissance à un têtard.

Les œufs sont tellement serrés les uns contre les autres qu'ils ressemblent à une grosse grappe gélatineuse.
Cette enveloppe les protège bien de l'eau froide et des chocs.

Une semaine après la ponte, les petits têtards sortent de leur mini bulle.
Ces drôles de nageurs ont une tête toute ronde et une longue queue plate pour se déplacer à toute vitesse dans l'eau.

La vie du têtard

Les têtards mettent environ quatre mois pour se transformer en grenouilles.

À 10 jours

Les trois premiers mois, le têtard ne peut vivre que dans l'eau. Il respire alors avec des branchies, comme un poisson. Le têtard se nourrit d'algues ou de petites plantes aquatiques.

À 2 mois

Le têtard commence
sa transformation : les pattes arrière
apparaissent et,
un peu plus tard, c'est au tour
des pattes avant.

À 3 mois

La queue disparait alors petit
à petit : le jeune têtard commence
à ressembler à une grenouille.
Enfin, les branchies laissent
place aux poumons…

La mini grenouille doit
maintenant sortir de l'eau
pour respirer de l'air.

Comment la grenouille se défend-elle ?

La grenouille a beaucoup d'ennemis. Heureusement, elle saute vite et emploie des ruses pour se camoufler ou pour faire peur !

Belles astuces !

Il est impossible de distinguer la **grenouille cornue** d'Amérique du Sud sous des feuilles mortes : par sa forme et sa peau, elle les imite parfaitement !

Certaines grenouilles d'Amérique du Sud sécrètent un violent poison. Ce poison peut tuer un homme !

D'autres se gonflent pour effrayer leur ennemis...

Ennemis en vue !

- oiseaux : chouette, cigogne, héron, corneille...
- poissons
- serpents
- rats
- belettes
- hérissons
- renards

La grande famille des amphibiens

Dans la famille des amphibiens, la grenouille et le crapaud se ressemblent beaucoup.

Mais attention, la grenouille n'est pas la femelle du crapaud ! Ce sont deux espèces différentes.

Comment les reconnaitre ?

• La peau de la grenouille est toute fine et humide ; celle du crapaud est sèche et couverte de boutons (on dirait des verrues).

• La peau de la grenouille a souvent une couleur vive (vert, jaune ou parfois rouge), celle du crapaud est souvent de couleur brune.

Le triton et la salamandre ressemblent au lézard, mais ils ne font pas partie de la famille des lézards. Ils appartiennent à la famille des amphibiens, comme la grenouille et le crapaud.

Un crapaud

Un triton

Une salamandre

Drôles de grenouilles !

Tu connais bien la grenouille verte ou la petite rainette, mais d'autres grenouilles étonnantes sautent un peu partout dans le monde.

Cette **grenouille bleue** vit en Amérique du Sud. Elle dépose ses œufs sur le sol recouvert de mousse.

La **grenouille dendrobate dorée** (Guyane française) est très voyante. Attention ! elle sécrète du poison sous sa peau…

Certaines grenouilles sont rouges comme des fraises.
Celle-ci vit en Amérique centrale.

La **grenouille volante** d'Asie saute facilement d'arbre en arbre : ses pattes palmées forment une sorte de parachute !

La **grenouille Theloderma** du Vietnam sait se rendre invisible car son corps ressemble à la mousse qui recouvre les arbres.

Cette **rainette d'Amérique centrale** a de jolis yeux rouges. La nuit, les jeunes rainettes deviennent violettes.

La fiche d'identité de la grenouille

Les oreilles

Grâce à elles, la grenouille entend aussi bien dans l'air que sous l'eau.

Les pattes arrière

Les pattes arrière ont cinq doigts palmés. Elles sont plus longues que les pattes avant.
Elles permettent surtout à la grenouille de sauter très loin et très haut.

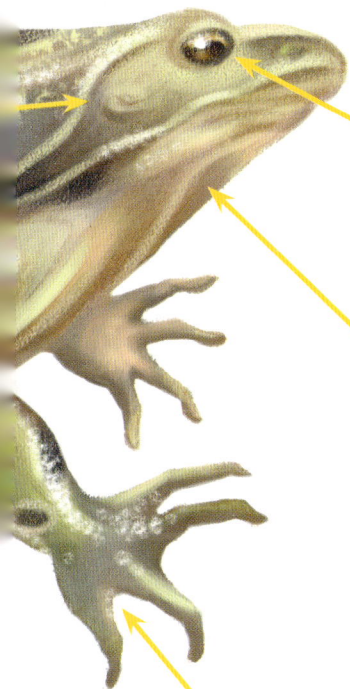

Les yeux

Les yeux de la grenouille, placés sur les côtés de sa tête, lui permettent de voir devant, derrière et même au-dessus. Ses paupières sont transparentes et agissent comme un masque de plongée quand elle nage sous l'eau.

La gorge

Les grenouilles mâles possèdent un sac vocal. Au printemps, les mâles gonflent ce drôle de sac pour appeler bien fort les grenouilles femelles.

Les pattes avant

Les pattes avant ont quatre doigts qui chassent bien l'eau. Grâce à elles, la grenouille nage la brasse !

Lexique

Amphibien : animal vertébré à peau humide et nue qui vit dans l'eau et sur la terre.

Branchie : organe qui permet aux poissons ou à des animaux aquatiques de respirer. Les branchies captent l'oxygène qui se trouve dans l'eau.

Camoufler (se) : se cacher dans le paysage, se rendre invisible pour ses ennemis.

Gélatineux / gélatineuse : qui est mou et transparent comme de la gélatine.

Hiberner : se mettre à l'abri et vivre au ralenti, pour supporter le froid de l'hiver.

Vase (la) : boue qui se dépose au fond de l'eau dans une mare ou dans un étang.

Achevé d'imprimer par Clerc en France en février 2020 – Dépôt légal : 97307-9/07